# Opará

# Opará

## Cantos, contos e encantos do Rio São Francisco

### Patricia Pacini

MATRIX

© 2015 - Patricia Pacini
Direitos em língua portuguesa para o Brasil:
Matrix Editora
www.matrixeditora.com.br

**Diretor editorial**
Paulo Tadeu

**Capa e diagramação**
Daniela Vasques

**Fotos**
Agnaldo Rocha
(páginas 19, 24, 106, 109 e 123: fotos de Sannie Yurie Murakami Paoli)

**Revisão**
Lucrécia Freitas
Adriana Wrege

Dados Internacionais de Catalogação na Publicação (CIP)
SINDICATO NACIONAL DOS EDITORES DE LIVROS, RJ.

---

Pacini, Patricia
    Opará: cantos, contos e encantos do Rio São Francisco / Patricia Pacini - 1. ed. - São Paulo: Matrix, 2015.
    144 p. ; 22 cm.

    Inclui índice
    ISBN 978-85-8230-185-2

    1. São Francisco, Rio. 2. Recursos naturais. 3. Meio ambiente. 4. Conservação da natureza. 4. Turismo.
I. Título.
    15-22060                                    CDD: 577.09
                                                CDU: 502.1

Para Gustavo, Caio César e Paulo Henrique,
indiscutivelmente minhas verdades...

# AGRADECIMENTOS

Agradeço a Pietro Pacini (*in memoriam*) e a Anna Maria Pacini, por terem me dado a vida.

A Pietro Pacini (*in memoriam)* e Marcos Penteado Trentin, por terem me levado para o caminho do amor.

A José Eduardo Abdallah, Eliane Franchi Cardoso e Luzia Otani, pelo carinho com que cuidam de mim.

A Fernanda Cirenza e Flavia Cristina Simonelli, pela amizade de uma vida inteira.

A Bruno Pacini e Aldo Pacini, por serem meus irmãos.

A Armando Gabrielle Ricciuti Gurchinas, por ter me perguntado: "O que você quer deixar de legado para o mundo?".

A cada personagem presente neste livro, pessoas que me receberam e contaram suas histórias, e a Elzina Escobar, Sil Varley e Vâner Fonseca, por terem me levado até eles.

Aos meus alunos, que todos os dias nutrem minha alma com sua juventude.

A todos aqueles que em algum momento, direta ou indiretamente, fizeram parte de meu caminho e assim, certamente, contribuíram com a realização deste sonho.

À vida.

# SUMÁRIO

# INTRODUÇÃO

Este livro, além de um documentário e um ensaio fotográfico, faz parte do projeto Seresteiros do Rio São Francisco.

Ao longo de quinze dias, uma expedição com cinegrafistas, fotógrafo, integrantes de um grupo de músicos paulistas e eu, como historiadora, pôde resgatar e identificar os seresteiros de quatro cidades ribeirinhas do Médio São Francisco, no estado de Minas Gerais – São Romão, São Francisco, Pirapora e Januária –, por meio de gravações, entrevistas e serenatas com os músicos locais.

O Rio São Francisco por si só já é uma grande atração, contudo, é na história de amor e na relação de seus moradores com essas águas que reside a verdadeira riqueza cultural dessa imensa região. Com uma equipe cheia de sonhos, percorremos essas cidades ribeirinhas promovendo um encontro maravilhoso entre os seresteiros, suas histórias, amores, cantigas e "causos". É uma rica troca de culturas e uma enorme oportunidade de conhecermos nosso país e sua mais genuína criação artística, pois a seresta, em sua essência, canta o amor, e nada pode, então, haver de mais puro. Localizamos ali os protagonistas da mais antiga tradição de cantoria popular das cidades: a serenata – ato de cantar canções de caráter sentimental, à noite, pelas ruas, com parada obrigatória diante das casas. Passando a denominar-se seresta, serenata ou sereno, essas primeiras manifestações, no Brasil, fizeram-se muito antes do lampião de gás, à luz da lua. Sua origem mais longínqua remete aos tropeiros do sertão que, quando paravam para comer e descansar sob o encanto do luar sertanejo, repousavam seus ouvidos ao som da trova e do violão. Hoje pouco resta dessa sonoridade, menos ainda nas grandes cidades. Mas encontramos nessas paragens, na voz e no violão dos mais velhos, a origem e a pureza desse som romântico, calmante, que acalenta o coração e traz a alegria verdadeira, a leveza do puro sentimento de amor.

Porém, o curso único e original do projeto passou por algumas alterações, pois, quando nos preparávamos para percorrer as cidades ribeirinhas conforme havíamos programado, nos deparamos com o triste problema da estiagem do rio. À medida que falávamos com os músicos e com pessoas ligadas à cultura local, não só gravávamos entrevistas sobre serestas e seresteiros, mas também ouvíamos um lamento triste em suas vozes, como se fosse um pedido de socorro – O RIO ESTÁ SECANDO!

Esse tema passou a fazer parte de nosso trabalho. Estivemos em Pirapora em abril de 2014, para alguns levantamentos sobre as possibilidades do projeto. Ali já nos haviam alertado sobre o problema. Quando voltamos, em julho, ficamos muito surpresos ao saber quanto o nível da água havia baixado em três meses. E o pior: enquanto o filme estava sendo editado, entre agosto e outubro, a nascente do rio, na Serra da Canastra, secou.

O que está acabando, de uma maneira geral, é o amor. A falta de amor entre nós, que habitamos a Terra, faz com que nos distanciemos dela. No documentário, conseguimos mostrar a importância que tem cantar o amor, cantar os encontros, assim como conseguimos mostrar as consequências que traz a falta de amor, a falta dos encontros, do canto, do encanto. É o fim do amor, o fim da seresta, o fim do rio. Uma seca hoje não é como uma seca há quarenta ou cinquenta anos. Temos agravantes que a tornam preocupante, pois só a chuva não resolve o problema. Por isso dizemos que boa parte da responsabilidade por toda essa problemática é nossa. Assim, este trabalho é um grito, um alerta e uma esperança de que sejamos ouvidos por aqueles que conosco formarão uma corrente capaz de ajudar nessa luta que é trazer de volta o encontro, as gentes, o afeto, o amor.

O título *Opará – cantos, contos e encantos do Rio São Francisco* resume o objetivo deste trabalho. As imagens e os textos são o resultado de uma experiência sem igual em que tivemos o privilégio de viver em profundidade o rio e seus personagens. As histórias vividas, os causos escutados, as comidas apreciadas, o rio navegado, as músicas ouvidas, as crenças divididas... Tudo levando o coração e a alma a uma viagem de volta a um passado de calma, amor e afetuosidade, no qual as pessoas ainda eram capazes de ouvir a voz do rio e fazer o que ele lhes aconselhava. Nas imagens e nas palavras, dividimos esta experiência desejando que as águas do Velho Chico e suas histórias tragam alegria, alento, esperança e muito amor a todos que manusearem estas páginas.

## BACIA DO SÃO FRANCISCO

# O RIO

*Sua história tem sido a história do sofrimento de um rio que há mais de quinhentos anos é fonte de vida e riqueza.*

Guimarães Rosa

O Rio São Francisco, também chamado carinhosamente de Velho Chico, foi descoberto em 1501 pelos navegadores Américo Vespúcio e André Gonçalves. É um dos mais importantes cursos d'água do Brasil, percorrendo 2.830 quilômetros do território brasileiro. Os índios da região o chamavam de OPARÁ (rio-mar), mas foi batizado de São Francisco em homenagem a São Francisco de Assis, pois sua descoberta se deu em 4 de outubro, dia do santo.

Nasce na Serra da Canastra, no município de São Roque de Minas, centro-oeste de Minas Gerais. Sua nascente está situada a uma altitude de 1.200 metros. Em sua extensão, corta o estado da Bahia.

Ao norte do território baiano, o rio serve de fronteira natural com Pernambuco, além de estabelecer limites entre os territórios de Sergipe e Alagoas, desaguando no Oceano Atlântico. Pelo fato de banhar cinco estados e 521 municípios, é também conhecido como "rio da integração nacional".

Ao redor de suas águas vive a maior riqueza do homem, aquilo que o nutre, que possibilita sua vida em plenitude – a Grande Criação, a natureza exuberante, o cerrado com fauna e flora, gentes e terra molhada. E em suas águas... ah, em suas águas vivem os peixes que alimentam e permitem a continuidade da vida, vivem o Caboclo d'Água e a Mãe d'Água, que nutrem a imaginação e singram as carrancas e sua capacidade de afastar os maus espíritos e a pescaria ruim.

# O RIO PARA OS BARRANQUEIROS

Barranqueiro é o nome dado ao povo ribeirinho do São Francisco. São os barranqueiros que falam do rio misturando sentimentos diversos:

> Ele é a alma e a vida da cidade. Tudo de bom que a gente tem, recebe pelo rio... Eu ouvia meu avô contar as histórias do Caboclo d'Água, contar a história da Iara.
> GUILHERME BARBOSA

O Rio São Francisco pra mim é tudo.
SEBASTIÃO SILVA

O rio para o barranqueiro corre na veia, é o nosso sangue. Agora, estando seco, a gente sofre junto... Ele dita a vida da cidade, ele carrega consigo até as tristezas. Quando a gente está meio chateado, vai pra beirada do rio, põe o pé dentro d'água, fica lá olhando, a tristeza vai embora... E vai mesmo, não é folclórico, não. Ele faz parte do barranqueiro; a carranca é do rio, é da água que trouxe o costume, do ir pescar.

O rio tem seu ciclo, tem vida própria, fez uma construção, invadiu um pouco, ele vai lá e toma tudo de volta, esse não apressar o rio é essa vida própria que o rio tem.

Adélio Brasil Filho

O barranqueiro tem o umbigo grudado no Rio São Francisco, então, se você tirar o rio, tchau pra nós... É vida.
João Naves de Melo

Ele é tudo pra nós aqui, e está morrendo, está morrendo...
MARIO DE ALMEIDA TORRES

É como água para o peixe; sem água e sem peixe, nós não vivemos aqui... É o símbolo maior, não só símbolo, alimentação, tudo.
Felix José dos Santos "Merica"

Tá na veia da gente, tá na nossa formação. O Rio São Francisco não nasce na Serra da Canastra, ele nasce no coração de cada barranqueiro... A nossa origem, tudo nosso é do rio, a nossa cultura é ligada a ele, todo mundo que canta, canta o rio, as belezas do rio, do canoeiro, da lua, o espelho da lua e o que ele representa ali. Parece que a maior seresteira é a lua.

Maura Moreira Silva

Ele é o retrato de tudo de melhor que nós temos na Terra.

NATÁLIA GERALDA VIANA CANABRAVA (*IN MEMORIAM*)

# TRAVESSIA

A equipe que elaborou esta obra pediu a um barqueiro que levasse seus integrantes para fazer imagens do Velho Chico durante o pôr de sol mais bonito da região. Ele disse que só poderia ficar até as 17h30, depois disso era hora de levar o povo para o outro lado do rio. Como já eram cinco da tarde, a equipe teve que ficar no mesmo lugar, olhando o vai e vem daquele movimento – mais o vai do que o vem!

Observou então que a maltratada e rústica embarcação é o transporte de todo dia dessa gente – é o ônibus, o trem, o táxi, o burro, o carro, de motor ou de boi –, que a leva para casa singrando as águas do Velho Chico sob o divino e maravilhoso ocaso. O barquinho simples leva essa gente para casa depois da labuta do dia, deslizando nas águas do Criador com sua criação maior, aquela que foi pensada e feita à Sua imagem e semelhança. Leva essa gente para descansar e a leva dando-lhe o regalo mais lindo – Sua presença naquela majestosa paisagem que mistura céu e água nas cores da vida, da verdade e da certeza de que amanhã, naquela mesma hora, depois da lida dura de mais um dia, o presente lhe será dado novamente.

# UM POUCO DOS VAPORES...

Estradas não existiam. A estrada era o rio, integrando tudo. Era ele a levar os ribeirinhos e sua carga rio acima, rio abaixo, fazendo surgir portos e povoados, criando laços fortes desde as Gerais até o Nordeste. No começo, isso era feito por canoas, ajoujos[1], barcos grandes e pequenos.

E o século XIX viu nascer a navegação dos grandes vapores. De lá para cá foram muitos a navegar no São Francisco, servindo a todos e ao todo – carregavam soldados, presidentes e dissidentes, milícias, primeira e segunda classe, amores e desamores.

Mas o bom, o bom mesmo, era o apito anunciando sua chegada – sabe-se lá de quem ou de quê, apenas que era a chegada. Aí, então, todos corriam para o acontecimento do dia, da hora.

Ali ia chegando a saca de café, o tecido do vestido da noiva do próximo mês e o noivo também. O avô saudoso, o governador da província e a tia do Manuel lhe trazendo o livro tão esperado... Ia, enfim, trazendo a vida que corria pelo país, a história e os costumes, o dendê, a vitalidade e as novas. Cada apito tinha um jeito diferente, era a assinatura sonora do comandante, pessoa respeitada e respeitável, vestido em seu traje impecavelmente branco e bem passado. Sabia-se por esse apito, então, qual era o vapor que estava encostando. Gente saía, gente entrava, carga saía, carga entrava. Encontros e desencontros, lágrimas, abraços, sorrisos, alegria... vida!

Depois do apito de despedida, ele ia embora, deixando para trás aquela cidade que aos poucos voltava à normalidade e ficava no aguardo da notícia do próximo vapor que em breve chegaria.

Durante um século, a navegação a vapor do São Francisco foi condição de vida para a população ribeirinha. Porém, na segunda

[1] N. do E. Ajoujo é uma embarcação constituída de duas a quatro canoas emparelhadas e jungidas entre si, para transporte de carga no Rio São Francisco.

metade do século passado, esses "portadores da alegria" foram sendo paulatinamente desativados, sob a alegação de não atenderem a demanda diante da nova realidade que ia se apresentando – o tal progresso. Os vapores foram assassinados, e os barranqueiros não gritaram, não protestaram – mereciam mais dignidade em seu fim essas velhas e boas embarcações.

Como sempre, o interesse do grande capital falou mais alto e engoliu os sonhos dos que ouviam o apito da chegada das gentes e dos encontros.

O vapor apitou
A cidade estremeceu
na alegria da chegada.
O vapor apitou
a cidade chorou
na saudade da partida!
João Naves de Melo

Minha tristeza é não ter mais os vapô. Os políticos deixaram acabar.
Manoel Francisco Borges (Borginho), vapozeiro

## O BENJAMIM GUIMARÃES

Hoje, o gigante de madeira está lá, encostado no cais de Pirapora, inerte na quase totalidade do tempo. Em seus cento e um anos de existência, leva em seu corpo cansado todas as histórias de toda a gente que viveu suas memórias ali. Tornou-se uma relíquia ao ser o único que ainda navega com a força gerada pelo vapor da lenha que queima em suas caldeiras seculares. Maravilhoso em sua magnitude e porte, o Benjamim Guimarães foi durante cinquenta anos um dos quarenta e oito vapores que navegaram no São Francisco carregando as vidas e as riquezas do país. Atualmente, ele é atração turística de Pirapora.

Muitas histórias são contadas sobre o vapor. É filme rodado, novela que fala, gente que mudou sua vida a bordo do Benjamim – ali conheci minha amada, ali me casei, cantei, dancei, chorei, senti. "Singrando as águas do Chico no vapor mudei minha história, conheci um mundo que não conhecia e me apaixonei por ele." Assim contam todos os que um dia navegaram escutando o apito e admirando as enormes rodas movimentando as águas do santo, de Pirapora a Juazeiro. Emoção sem fim, olhar que dura uma vida.

Aos domingos, sai por algumas poucas horas tentando, quem sabe, trazer um tantinho daquela sensação do que já não existe mais, daquela riqueza do encontro da gente com as águas, da pureza do se saber protetor e protegido, amando e amado, filho da Terra. Há os que ainda sentem, e o Benjamim traz mais uma oportunidade.

Aos sábados, ele é palco da Orquestra Sinfônica de Pirapora, formada por cerca de 130 crianças e adolescentes que, ao tocarem seus instrumentos formando como que uma mistura de encantos com o canto do navio, trazem de volta o velho e eterno sonho daqueles que não se cansam de amar.

E todo esse cenário pode ser resumido numa linda e pequenina frase que ouvi em uma música e na qual habita uma grande verdade: "... o amor é o encontro das águas...".

# A COZINHA MINEIRA TAMBÉM CANTA

*O mineiro recebe na cozinha. Você canta pra agradar o dono da casa que ele vai te chamar para a cozinha.*

Adélio Brasil Filho

Em cada passagem, uma mesa de quitutes de alegria e poesia – essa é a memória afetiva que guardamos para sempre em nossos corações, esse é o prazer do mineiro, o prazer que está em receber para uma mesa cheia de caprichos. E foi exatamente assim que fomos recebidos por onde passamos.

No calor da manhã de São Francisco, o suco de morango da esposa do seu João Naves refrescou mente e espírito.

No friozinho de julho de Januária, havia sobre a mesa de dona Cida e do Felix pão de queijo quentinho, café e peta para acompanhar a família afinada enquanto cantavam as músicas do Velho Chico.

E, debaixo da parreira da dona Alaíde, após a cantoria do ensaio de final de tarde, a farofa de carne vem prestar homenagem aos músicos e a nós.

Em Pirapora, dona Ana e seu João recebem a serenata e abrem a porta para a mesa farta – pão de queijo, peta, farofa de carne, supremo de frango e frango ao molho pardo. Biscoito frito, peixe frito, picado de arroz, feijão-tropeiro, vaca atolada, capim canela, biju... Tantas são as delícias mineiras e barranqueiras que invariavelmente acompanham a suavidade do som violeiro e das vozes seresteiras.

## DONA LÚCIA – JANUÁRIA

Em Januária, passamos muitíssimo bem almoçando no Babalu, restaurante que há mais de vinte anos serve uma deliciosa comida típica mineira feita com carinho pelas mãos de dona Lúcia Aquino, proprietária do estabelecimento. Suas receitas ficaram famosas na região, e dona Lúcia é frequentemente procurada pelas mídias locais para falar sobre a arte da cozinha da região das Minas. Mostra orgulhosa e com o sempre infinito amor de mãe o livro de receitas que escreveu para seu filho Danilo a pedido dele mesmo. "É como se fosse um livro de memórias familiares através das receitas", diz ela. Ali, o que chama a atenção é que, no fim de cada passo a passo para a realização dos pratos, seu marido, pai afetuoso de Danilo, escreveu pensamentos que sintetizam lições de vida: "Dai-me boas mães e eu salvarei o mundo" – é o que vem depois da receita do supremo de frango – e "Quantas vezes uma mão lava a outra e as duas continuam sujas" – é o que vem depois do pão de queijo da dona Filó.

Danilo,
        Querido Filho,

                Cumprindo o seu pedido escre-
[v]i as receitas neste caderno. Fiquei muito feliz
[em] transportar para estas páginas "pedaços"
[d]a nossa história. Foram dias e horas de fortes
[em]oções que vivemos ao lado de seu pai, seu
[ir]mão, avós e demais parentes e amigos.
[Em] cada quitute, em cada mesa ornamen-
[ta]da, Filho, está também um pedaço de
[m]im. Todas as datas comemoradas signifi-
[ca]m muito para nós que amamos e vivemos
[em] cada momento de nossas vidas.
[F]ilho, queria que este caderno fizesse par-
[te] do seu "baú" de recordações. Ao pé
[de] cada receita não poderia faltar os pensa-
[me]ntos selecionados pelo seu pai, que sinteti-
[za]m lições de vida.
[?] o dia de hoje, 03 de dezembro de 2.000 fi-
[?] marcado pelo início de sua maioridade.
                Parabéns meu Filho, por 18 anos de
[a]mor e carinho que nos dispensou.
                Agradecemos a Deus pelo filho que
[vo]cê é e sempre será. Com a minha benção
                                da sua
                                Mãe Lúcia

# O RIO E SEUS MISTÉRIOS

A crença de que seres misteriosos envolvem rios, mares, grutas e lagos é normal e universal. Eles são os nossos conhecidos duendes, os seres do além. Trata-se do mito folclórico, sempre uma narrativa oral e fictícia que nasce das emoções humanas. São seres poderosos que estão sempre entre o sobrenatural – vindos do imaginário do homem – e a realidade, por terem um lugar permanente na crença popular de que de fato existem.

O Rio São Francisco é cheio de mitos e lendas contados e cantados com cores tão reais que muita gente fica arrepiada. Corre solto entre os barranqueiros, por exemplo, que o rio dorme nas horas mortas; ele literalmente para, e aí ninguém deve mexer na água. Diz a sabedoria popular:

> Quando o remeiro acordava nas horas mortas, jogava na água um pedaço de pau para ver se o rio estava correndo ou não, pois acordar o rio faz mal, acontecem desgraças. Enquanto o rio dorme, os peixes deitam no fundo, a Mãe d'Água vem para fora pentear os cabelos louros, as cobras perdem o veneno, os afogados saem do fundo do rio para ver as estrelas.

São muitos os personagens mitológicos que povoam a imaginação do povo ribeirinho: Goiajara, Anhangá, Angaí, Galo Preto, Capetinha, Cavalo d'Água, Cachorro d'Água e tantos outros. Os mais conhecidos, porém, são o Caboclo d'Água, a Mãe d'Água e o Minhocão:

O *Caboclo d'Água* ou *Nego d'Água* é uma criatura muito temida pelos pescadores. Tem cabeça grande e um olho bem no meio da testa. Mora numa gruta de ouro nas profundezas do São Francisco. Quando se depara com pequenas embarcações, vira-as e espanta os peixes. Gosta muito de fumo e cachaça, então, para agradá-lo, as pessoas sempre lhe oferecem um tanto de um e de outro. Uma maneira usada para que ele não se aproxime dos barcos é pintar estrelas nos cascos.

A *Mãe d'Água* é uma espécie de sereia que vive no rio. O mito veio de Portugal. Ela é linda e seus encantos atraem os canoeiros desavisados. Quando o rio dorme, ela sai e procura uma canoa para sentar-se e pentear seus longos cabelos louros. É a Iara dos índios e a sereia dos gregos.

O *Minhocão* é uma serpente enorme, fluvial e subterrânea que vive no Rio São Francisco e vara léguas por debaixo da terra para destruir casas e cidades, o que explica os fenômenos de desnivelamento pela deslocação de seu corpo gigantesco. Ainda naufraga barcos, amedronta viajantes e pescadores.

# AS CARRANCAS

O uso de figuras de proa em embarcações origina-se na mais remota Antiguidade. Egípcios e fenícios usavam-nas para indicar a que Estado pertencia a embarcação; gregos e romanos, com fins decorativos, e os vikings, nos *drakkars*, seus barcos de guerra, nos quais as figuras representavam animais fantásticos, como dragões e serpentes.

Segundo o pesquisador Paulo Pardal, nos tempos modernos, as únicas embarcações populares de povos ocidentais que apresentaram figuras de proa em formas generalizadas foram as barcas do Rio São Francisco.

Lendas e histórias fazem parte dessa tão popular figura brasileira. Dizem que sua origem pode ter sido para imitar a decoração de navios de alto-mar vistos nas capitais das províncias por nobres e fazendeiros do São Francisco quando viajavam para as cidades. Por viverem muito isolados, os habitantes do médio São Francisco criaram uma figura de proa jamais vista no resto do mundo – olhos esbugalhados, misto de homem e animal, com sobrancelhas arqueadas e expressão feroz. Mas, como toda manifestação da cultura coletiva, as carrancas são carregadas de conteúdos do imaginário popular, por meio de elementos míticos e simbólicos. O historiador da arte Clarival do Prado Valladares analisou-as da seguinte maneira: "O que não se conhece ainda é a verdadeira função da carranca – mágica ou ornamental". Segundo ele, elas possuem um caráter apotropaico – o poder de afastar malefícios, pois protegiam os barqueiros contra os animais do rio como jacarés e surubins. Servem também para afugentar os maus espíritos das águas, principalmente o lendário Caboclo d'Água, e a pescaria ruim.

Por trás dos usos mágicos das carrancas, reside, então, a crença de que o São Francisco é um rio perigoso e traiçoeiro, que esconde seres míticos e maléficos.  Barqueiros mais antigos não hesitam em afirmar que, quando a embarcação corre perigo de afundar, a carranca avisa com três gemidos, tendo, portanto, uma natureza puramente benigna. E, se alguém quiser uma explicação mais lógica e menos imaginária, existe também aquela que diz que elas surgiram para atrair a curiosidade da gente das fazendas sobre as embarcações e, assim, aumentar as possibilidades de negócios.

Atualmente, as carrancas são encontradas não apenas nas proas das embarcações do São Francisco, como simples enfeite, como também tornaram-se um disputado elemento de decoração e parte do acervo de museus nacionais e estrangeiros.

Como grande parte das histórias do imaginário coletivo, essa personagem de olhos vermelhos e dentes grandes perdeu sua função inicial de protetora das embarcações contra perigos concretos e imaginados para adentrar o mundo "real e palpável" dos negócios comerciais, passando a ser uma importante peça de comércio artesanal.

Reais ou imaginadas, essas figuras de proa fazem parte da vida do barranqueiro do Velho Chico e de todos os brasileiros que são apresentados a elas quando estudam na escola os mitos, as lendas e o Rio São Francisco. Um não existe sem o outro.

# AS LAVADEIRAS

O sol desponta no horizonte atrás das águas. Elas arrumam a trouxa, preparam o sabão, escolhem a melhor pedra para estender a roupa, fazem uma oração e começam a trabalhar.

Dia após dia e através dos anos, assim cuidaram de seus filhos e puderam criá-los.

O rio é o lugar da lida, mas também dos encontros, da amizade e da cantoria. Para tornar mais leve o trabalho, as lavadeiras cantam versos de sua própria criação, os quais, em sua simplicidade, ganham vida nas vozes tranquilas que ligam cada palavra por meio de uma musicalidade que lembra o canto da libertação. Juntas, elas formam um grande coral que se faz ouvir lá na beira do rio e que, misturado ao som das corredeiras, se torna uma melodia que varia entre a nostalgia das rimas e o retrato bucólico das praias e da vida que se leva. O espírito é de fraternidade, sem disputa pela melhor pedra.

Conta uma das lavadeiras:

> O serviço era de matar. A gente carregava trouxas de roupas grandes e pesadas. Para lavar tudo direitinho, esfregávamos uma vez a peça, batíamos na pedra, colocávamos para quarar, esfregávamos de novo e depois a roupa ia para o sol secar.

O esforço resultou em mãos calejadas e problemas na coluna.

O colorido das roupas na pedra quarando ao sol quente é um cenário de encher os olhos à beira das águas esverdeadas do Velho Chico.

LAVADEIRAS
Agachadas no beiral
Lavam ao sol ou relento
E roupas voam no varal
Como pipas ao vento
Na água bolas de sabão
Panos na pedra a quarar
Dor e bolhas na mão
Água nos olhos a minar
Quão sofrido esse penar
Um viver de servidão
Não se pode a alma lavar
Só espremer o coração
**JOSÉ MARIA CAVALCANTI**

O que elas cantam...

Sá Maria tem sete filhos, sete filhos pequenininhos,
sete filhos querem comer
Oh bate canela que eu quero ver,
oh bate canela que eu quero ver...
Vou remando minha canoa lá pro poço do pesqueiro,
Oi beira-mar, adeus dona, adeus, riacho de areia!
Arriscando minha vida numa canoa furada,
oh beira-mar, adeus dona, adeus, riacho de areia,
adeus adeus dona, adeus que eu já vou-me embora,
eu morava num mundo d'água,
não sei quando eu voltarei, eu sou canoeiro.
Rio abaixo, rio acima tudo isso eu já andei,
oh beira-mar, adeus dona, adeus riacho de areia...

# AMORES DO SÃO FRANCISCO

Águas que ligaram pessoas, juntando os dois lados de histórias diferentes numa história só. Gente que passou a navegar unida pelas páginas da vida.

## DONA DÁLIA (ALEXANDRINA VIANA) E SEU GERALDO FARIAS – JANUÁRIA

Diz o povo que foi o melhor pão de queijo e o melhor forró da região. Estamos falando do pão de queijo da dona Dália e do forró do sanfoneiro Geraldo Farias. Seu Geraldo encostou a sanfona para toda a eternidade há doze anos, e seu centenário foi intensamente comemorado na cidade onde foi o rei do forró – Januária. Dona Dália, que em 2015 completou noventa e dois anos, relata um pouco de sua vida em comum ao lado do mestre da sanfona, com quem foi casada sessenta e três anos e dois meses – "até que a morte os...". Ao ouvir suas histórias e observar as expressões dessa mulher, um misto de doçura e amargura, torna-se possível entender a velha expressão "as duas faces do amor". Ela conta que nunca teve medo do trabalho e que gostava mesmo era da roça – moer, carrear, fazer cerca, capinar. E, ainda, quando teve que viver na cidade grande, varava as noites lavando a roupa suja de óleo dos operários da usina de álcool e açúcar onde seu Geraldo trabalhava. Sem a ajuda da Q'boa, era mesmo na unha que as manchas eram arrancadas. Depois da roça e da cidade grande veio o pão de queijo. Durante trinta anos fez o melhor pão de queijo de Januária. Passava o dia fazendo a iguaria para vender, à noite, nas festas em que o marido tocava.

Era a famosa Casa do pão de queijo Geraldo Farias. Foi uma vida de lida dura para não ter que morar de aluguel, já que o ganho da sanfona não daria conta do recado.

Na casa onde mora há cinquenta e dois anos, uma das dez que comprou com os ganhos da venda do quitute, ela diz que sente mais falta do Geraldo do que de pai e de mãe – "todas as noites acordo e choro de saudade dele". Porém, lá pelas tantas, ela pede ao neto que pegue no quarto sua coleção de facas, da qual diz gostar mais do que de qualquer coisa, cada uma com sua origem e cada uma com sua história. Uma delas ficava debaixo do travesseiro de dona Dália todas as noites, para o caso de seu Geraldo chegar do baile e gritar com ela – "aí ele ia ver só!". Ela já avisou seus filhos que quer ser enterrada com as facas, pois, quando chegar lá em cima, quer fazer bagunça e acertar as contas com Geraldo – o rei do forró e da mulherada da cidade... "As duas faces do amor."

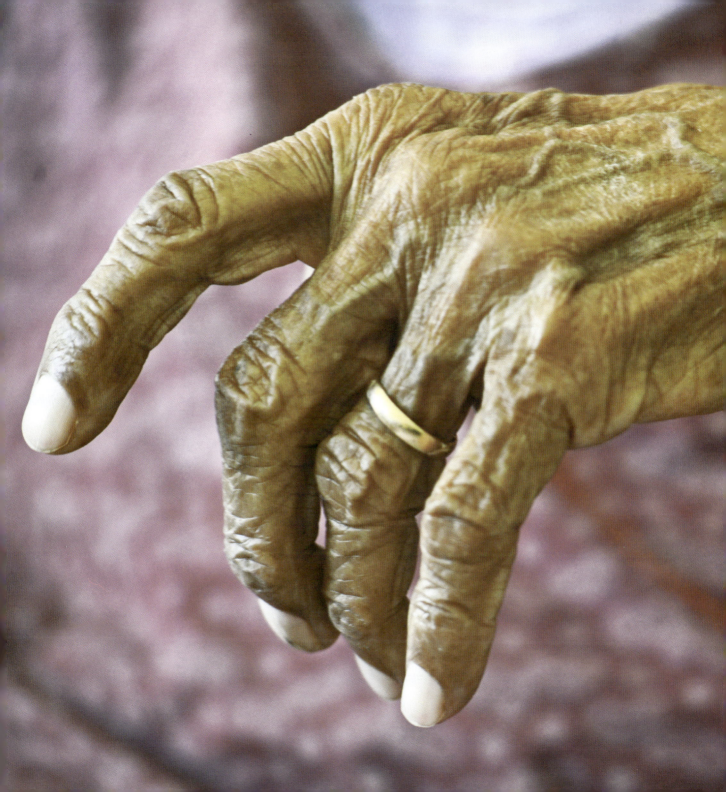

## SEU GALDINO E DONA VALDINA – JANUÁRIA

"Bati os olhos naquela menina que vinha sentadinha, junto à sua mãe, no cabeçote da sela, e pensei: 'Um dia me caso com ela'." Na ocasião, ela tinha três anos, e ele, seis. Em 2015 ela completou 81, e ele, 84. Estão casados há 61.

A história foi contada pelo seu Galdino, sentado ao lado de sua amada, dona Valdina. Ali faz sentido a expressão "almas gêmeas". Apenas algumas letrinhas diferenciam seus nomes e, quem sabe, suas vidas. A doçura do olhar, o sorriso e a alegria dos dois transmitem o amor presente nessas vidas que se uniram quando ainda eram pequenas crianças. "Sessenta e um anos de casamento não é brincadeira. Nós casamos por amor; ele nasceu lá atrás, quando éramos crianças e nos vimos pela primeira vez", conta seu Galdino. E ela diz: "Foi uma vida boa, graças a Deus. Tivemos briguinhas bobas, brigas de amor. Criamos nossos filhos com dificuldade, mas sempre com o amor presente". O orgulho do casal é a união que existe na família, hoje formada por cinco filhos, nove netos e cinco bisnetos.

Atualmente vivem em Januária, e, naquela tarde de céu azul e sol brilhante, estavam numa das tantas festas que, juntos e de mãos dadas, frequentam e se divertem ao marcar na cartela o número sorteado no bingo.

## SERESTA E PROCISSÃO PARA SEU JOÃO E DONA ANA – JANUÁRIA

A grande luz que ilumina o canto do amor duradouro parte em pequenas luzinhas das chamas das velas na procissão da rua onde moram o seu João Pulcino e a dona Ana. E lá vai caminhando, lenta e delicadamente, aquele grupo seresteiro para cantar na janela daqueles que há sessenta anos decidiram somar suas vidas e fazer delas uma só. Recebem a seresta abraçados e com um sorriso caloroso, na janela da casa onde criaram seus dezesseis filhos, e ouvem as canções que cantam seu amor. A música acaba, a janela se fecha e a porta da casa do seu Pulcino e da dona Ana se abre para receber com farofa de carne, bolos e pão de queijo o grupo que em procissão foi cantar o amor dos dois. Quando alguém pede que os dois contem sua história de amor, seu João diz que é segredo. E dona Ana, sorrindo, fala: "O segredo é o amor".

## FELIX E CIDA – PIRAPORA

O Felix e a Cida têm um Fusca 1962 que compraram em Jundiaí (SP), em 1980. O fusquinha leva atrás um adesivo que conta as três paixões do Felix: "Futebol, pesca e cantoria". Questionado a respeito de dona Cida, ele responde: "Ah, ela sempre viaja no banco principal!". Eles contam que viajaram várias vezes de Pirapora a São Paulo e que percorriam os mil quilômetros que separam as duas cidades em dois dias. "Sem pressa, íamos com tempo!".

Ela era noiva do melhor amigo dele, vizinho desde a infância. Felix morava em São Paulo e ia a Pirapora uma vez por ano, no Carnaval. Ele cantava no palco e ela dançava na plateia. O noivado da Cida acabou e o namoro deles começou. Namoraram, noivaram e casaram em quatro anos, ela com vinte e três, ele com vinte e sete. Quando questionado sobre os seresteiros que mais admira, ele logo menciona sua esposa. Em 2015, completaram trinta e três anos de casamento, três filhos e três netos, conhecidos na região como "a família Felix", que canta num uníssono harmonioso os encantos do rio. Ele diz: "A base de tudo é o respeito e a confiança".

## ADÉLIO BRASIL FILHO – ARTISTA PLÁSTICO E DIRETOR DE PATRIMÔNIO CULTURAL DE PIRAPORA

"A seresta em si era uma chegança, uma forma de chegar, os reis, as folias chegam nas portas através da música. Música faz parte. A gente não consegue falar o que é música por causa disso. Um fala uma coisa, outro fala outra coisa. Você escuta uma música, você viaja, você vai, você volta, você tem, deixa de ter, você perde, ganha, música é tudo na vida de todo mundo. A música em si já é uma cantada, então por que não fazer uma música para a amada?

O barranqueiro é molhado, porque além de tudo a gente sabe chorar, aprende.

A vida do barranqueiro tem muito disso, é muito difícil, mas tem muito aprendizado, a gente aprende muito com a dureza, e é capaz até de ensinar."

Aí, depois disso, Adélio conta a história de amor de seus pais, casados há cinquenta anos:

## O ARREIO DO CORAÇÃO

Eram os idos de 1950 numa pequena cidade do interior de Minas Gerais. As sobrinhas andavam atrás dela, pois era uma moça modelo de beleza, elegância e delicadeza. Era também carola. Tinha os pais que cuidavam dela e a guardavam. Andava pela cidade na charrete da família, mostrando seus belos vestidos e sua beleza. Ia à missa, às compras e às festas. Era carola e era festeira, era bela e delicada. Ainda não tinha namorado nem noivo. E as sobrinhas atrás dela. Chamava a atenção de todos o fato de moça tão linda, elegante e de boa família ainda não ter se casado. Mesmo assim servia de modelo às moçoilas casadoiras da cidade. Seus desejos só Deus sabia! Talvez o de ter o marido com que sonhava – moço bonito, religioso e festeiro.

Um dia, ao sair em passeio, elegante em seu vestido de renda cor de pele suave, chamou a atenção do moço bonito, tio de algumas das moças da cidade. Religioso não se sabe se era, mas festeiro... todos diziam que era, e muito! Moça bonita, festeira e carola com moço bonito e festeiro podia dar casamento. As sobrinhas dela acercam-se dele para falar da bela tia em que ele, por sua vez, já tinha pousado os olhos e até, quem sabe, o coração. Mas não se pode esquecer que ela tinha mãe cuidadora e pai coronel. Quando a mãe pôs reparo em que a filha seria cortejada por um cabra livre e festeiro, não pensou duas vezes: precisava frear o rapaz. Vai daí que em poucos dias o moço recebeu em sua casa uma linda caixa embrulhada em papel de seda e fita de veludo. Ao abri-la salta diante de seus olhos a imagem do cabresto – um arreio de cavalo de couro curtido. Belíssima peça, porém, não conseguia pensar de onde viera. Mas a coisa correu rápido e a mãe cuidadora da honra da filha logo se identificou:

– Se quiserem namorar e noivar, o moço festeiro tem que se frear.

– Minha senhora – disse o rapaz –, o freio de um homem está em seu coração enamorado. Fique, pois, tranquila, o arreio está posto.

Deu-se o namoro, o noivado e o casamento.

# CUIDADO E AFETO

O maior bem que a gente tem é o amor. E nisso o povo ribeirinho sabe ser generoso.

## O SAPATO DA ZENINHA – SÃO FRANCISCO

Esta é mais uma história da grande afetividade que cobre essa gente barranqueira.

Era uma manhã lindíssima de sol bem quente. Filmagem com o grupo seresteiro Mensageiros do amor de São Francisco, na casa de um de seus componentes, João Naves. Uns falavam, outros trabalhavam e eu tomava nota de algumas passagens interessantes para este livro. Em dado momento, distraidamente, mirei o pé da Zeninha, mais exatamente o sapato de cor salmão que ela estava usando. Era um modelo que eu procurava já havia algum tempo por ter tido um parecido, que gostei muito e que se acabou pelo uso. Salto anabela de corda, confortável e bem feminino. O problema é que foi moda em algum verão de anos passados, e, por mais que eu tivesse procurado nos últimos tempos, não encontrava igual. Sem pensar duas vezes, fui até ela perguntar onde havia comprado, já que estávamos numa cidade pequena e talvez ali eu pudesse encontrar o tal sapato.

Zeninha tem estampado no rosto bonito um lindo sorriso, simpático e aberto. A resposta dela para minha pergunta foi: "Que número você calça?". Enquanto eu respondia, ela já estava tirando o sapato, e, quando eu disse o seis do trinta e seis, ela já estava descalça com o par de sapatos na mão dizendo: "Toma, é todo seu". Os minutos que

se seguiram a esse gesto foram uma mistura de espanto, admiração e intensa ternura. Via-se ao longe o olhar carinhoso, singelo e de extrema naturalidade daquela moça encantadora, como se o que ela estivesse fazendo fosse a coisa mais natural do mundo. E certamente ainda é... Para essas pessoas que, todavia, conservam na alma a pureza do desapego, do saber dar, do gostar verdadeiramente de agradar sem esperar nada em troca, isso é somente o gesto pelo gesto e nada mais.

Essa história ficou de tal maneira marcada em mim que não pude deixar de contá-la aqui, nestas páginas, por meio das quais tenho uma grande esperança de convencer alguns tantos de que ainda existe ali e acolá, lugares deste mundo do Criador, gente que carrega alma pura, afeto, carinho, amor por si e pelo outro. Valeu, Zeninha! Grande abraço para você!

## DONA LENÁ – SÃO FRANCISCO

Dona Lená Ribas tem noventa e dois anos. Nascida em São Francisco, morou no Rio de Janeiro e em Brasília para acompanhar o marido em sua carreira de funcionário público federal. Aos oitenta e dois ficou viúva, depois de sessenta e dois anos de casamento. Tiveram quatro filhos, dois deles já falecidos. Ao falar sobre isso, vê-se a dor em olhos perdidos nas lembranças dessas perdas. Os outros dois moram longe – um em Paraty e outro em Florianópolis. Hoje ela vive sozinha em sua casa, construída em 1930 pelo pai. Impressiona o cuidado, o esmero, o capricho que ela tem com essa casa. É uma construção grande, espaçosa, como muitas daquela época do interior brasileiro. São muitos cômodos e, apesar de morar completamente sozinha, ao passarmos pelos largos corredores, podemos ver os quartos arrumados como

se fosse aparecer um hóspede a qualquer momento. As pinturas nas paredes da sala, feitas pelo seu pai há mais de setenta anos, parecem ter sido feitas ainda ontem. A fé está presente na decoração dos santinhos e dos crucifixos que a guardam e a protegem desde a infância. Um motorista e uma moça que a auxiliam nas tarefas do dia a dia ficam ali até o meio da tarde – depois ela fica sozinha até o dia seguinte. Gosta de dormir e acordar tarde. Professora durante mais de quarenta anos, conta que acordou cedo a vida toda para trabalhar e que quando jovem dizia a si mesma que, quando se aposentasse, acordaria tarde todos os dias. Gosta de ler livros, jornais e revistas e sempre faz as palavras cruzadas dos diários. Quando há algum bom programa na televisão, assiste, mas mantém o aparelho ligado o dia todo, pois não gosta de silêncio. Tem irmãos e sobrinhas que moram por perto e raro é o dia em que não tem companhia para almoçar ou tomar um bom lanche à tarde. "Graças a Deus sempre tem alguém por perto para trocar um dedo de prosa", diz ela. Mas quando o filho, viúvo, que mora longe, lhe telefona reclamando de solidão, ela fala: "Meu filho, você está sozinho aí e eu estou sozinha aqui, somos todos sozinhos".

Seu pai foi prefeito de São Francisco quando Getúlio Vargas era presidente da República, e essa linda e esmerada casa de sua infância era visitada por Juscelino Kubitschek quando era apenas candidato a deputado. Quando perguntei como conheceu o marido, ela respondeu: "Ah, minha filha, conheci aqui mesmo e logo casei. Nem pensava em casar, eu tinha dezoito anos e ainda gostava de correr e brincar, mas tive que casar e casei".

# A MÚSICA DO SÃO FRANCISCO

## O PRESIDENTE SERESTEIRO

Juscelino Kubitschek, presidente do Brasil entre 1956 e 1961, foi, antes de tudo, um grande seresteiro. Por gostar muito desse estilo musical, foi um incentivador da seresta em Minas Gerais. Durante as entrevistas com os músicos das barrancas do Rio São Francisco, saber da aproximação deles com o presidente seresteiro foi uma grande e boa surpresa.

A importância de JK para a seresta mineira fica ainda mais evidente pelo fato de o dia 12 de setembro, data de seu aniversário, ser o dia oficial da seresta em Minas Gerais.

Filho de Diamantina, Minas Gerais, Juscelino adorava serenata, em especial quando cantavam "Peixe vivo", canção folclórica que acabou se convertendo numa espécie de hino com que Juscelino era saudado em toda parte.

Entre os músicos entrevistados, as declarações sobre o presidente seresteiro são ternas, saudosas e carinhosas, como mostram suas falas:

> O grupo "Mensageiros da emoção" nasceu dia 12 de setembro, dia do aniversário de JK. Ele era presidente nessa época, era muito bacana e a gente gostava muito dele. Ele fazia serenata lá em Diamantina, ele cantava junto com a turma.
> ALAÍDE FERREIRA DA SILVA

Ele foi um grande seresteiro, um mito dentro da seresta. Parece que não ficou tão declarado que Juscelino era um grande seresteiro, mas Minas o acatou como grande seresteiro e como grande médico.

VALDEMIR VARGAS

Ele influenciou muito pela posição dele como governador e como presidente. Ele influenciou muito o gosto pela seresta. A música "Peixe vivo", preferida de JK, mostrava a saudade que o colonizador tinha de sua terra e de sua gente. "Peixe vivo", assim como a grande maioria das músicas de seresta, é uma cantiga de domínio público, por mais que se pesquise, ninguém sabe quem é o autor.

DOMINGOS DINIZ

Saudoso JK, ele gostava muito de seresta. Foi o que mais incentivou quando disse que a música que mais gostava era "Peixe vivo". Então, como diz a música, "como pode um peixe vivo viver fora da água fria?", isso é muito significativo – a gente pode viver sem a comida, sem a música? Sem a companhia de alguém, como a gente pode viver?

FELIX JOSÉ DOS SANTOS "MERICA"

### Peixe vivo

Como pode um peixe vivo viver fora da água fria,
Como poderei viver, como poderei viver,
Sem a tua, sem a tua, sem a tua companhia

Os pastores desta aldeia já não fazem zombaria,
Os pastores desta aldeia já não fazem zombaria,
Vou viver assim cantando, vou viver assim cantando,
Sem a tua, sem a tua, sem a tua companhia,
Sem a tua, sem a tua, sem a tua companhia,
O Rio São Francisco corre água noite e dia,
O Rio São Francisco corre água noite e dia,
Só o tempo é que não corre, só o tempo é que não corre,
Sem a tua, sem a tua, sem a tua companhia,
Sem a tua, sem a tua, sem a tua companhia.

## DONA MARIA DO BATUQUE – SÃO ROMÃO

Ela é a Maria da Conceição Gomes de Moura, Mariazinha do Riacho da Ponte, filha de dona Ernestina e seu Ângelo. Mas é conhecida mesmo como Dona Maria do Batuque. Quando se casou, passou a ser Dona Maria do Manelzim, com quem teve onze filhos e uma vida em comum durante sessenta anos – até que a morte os separasse.

O olhar bravo e desconfiado do início da conversa rapidamente cede lugar para as doces lembranças de seu passado, em que o batuque e o gingado faziam parte de seu dia a dia. O batuque foi tão importante na vida dessa mulher que dela já existe filme e

livro conhecidos – *Batuquim vai abaixo? Ele não vai, não!*, idealizados por jornalistas mineiros e patrocinados por uma grande empresa paulista.

Aos oitenta e cinco anos, ainda carrega em suas maneiras um jeito forte e uma voz rouca que conta sua história com o orgulho de quem sabe que é a grande detentora de uma arte que já não volta. Canta e bate os pezinhos no chão para mostrar que leva no sangue a maestria do batuque, peça fundamental da cultura sanromanense. Mas São Romão sabe que, quando ela se for, levará junto os sons dos tambores, o gingado faceiro e parte de sua história.

> Chega as cadêra pra cá, minha nêga,
> que samba não mata ninguém.
> Se samba matasse, minina,
> eu tinha morrido também.

> (Batuque de Dona Maria)

## JORGE SILVA – SERESTEIRO EM JANUÁRIA (*IN MEMORIAM*)

"Sou Jorge Silva, professor, compositor, cantor e seresteiro do Rio São Francisco", é assim que ele se apresenta e será assim lembrado para sempre no documentário dos seresteiros do Rio São Francisco. Encostado a uma árvore secular, no centro de Januária, fala com destreza sobre a música, a seresta e o fim da seresta, a música que canta o amor. Conta encantadoramente as histórias que viveu como seresteiro e os causos que resultaram dessa vida de músico. Leva na fala a entonação do professor, daquele que conhece o assunto sobre o qual está falando.

Assim como dona Natália, poucos meses após conceder a entrevista para o documentário, seu Jorge deixou a Terra para unir-se a tantas outras estrelas e fazer a alegria dos anjos.

Sabedor de suas palavras...

"A serenata é baseada na música popular, aquela música que fala do coração, do amor perdido, dos sonhos e das realizações. Os verdadeiros portadores da musicalidade nas cidades são os jovens, e eles, voltando-se totalmente para a música moderna, deixaram de cantar as músicas populares, as músicas românticas, as músicas de serenata."

## JOÃO BATISTA DE ALMEIDA "KARROMBA" – SERESTEIRO DE JANUÁRIA

"As músicas antigas eram muito mais bonitas, tinham uma história linda. Quando você fala 'Boemia, aqui me tens de regresso e suplicando te peço a minha nova inscrição, voltei pra rever os amigos que um dia...', tem um fundamento, tem uma letra, né? Hoje você não vê mais isso."

Quando a gente canta com alma e transmite uma energia positiva para as pessoas, a gente também se sente emocionado...

## DONA MAURA – SERESTEIRA EM JANUÁRIA DESDE A DÉCADA DE 1960

Aos oitenta e dois anos e senhora das memórias januarenses, recebe a equipe numa manhã ensolarada na Casa de Memória, instituição que dirige e organiza com carinho de mãe, aquela que guarda no coração todo o amor pela vida e a história de uma cidade e de um povo rico em cultura e sabedoria. Ela começa seu relato com a frase: "O que eu vou contar eu não sei se é da terra ou se é do céu, mas eu vou contar..." e segue com as histórias de vida cheias de amor pelo que é da terra e da água, da vida e da morte, da alegria e da tristeza, da ignorância e da sabedoria daquela gente barranqueira. Em três horas de conversa, torna-se difícil destacar o "mais importante" diante das tantas palavras emocionadas e emocionantes.

Trata desde questões pontuais, como a transposição do rio e a construção das usinas hidrelétricas, até o amor do barranqueiro pelas suas águas estonteantes de beleza e transparência.

Dona Maura diz:

O Rio São Francisco é música pura. O barulho das águas é uma grande inspiração para quem compõe. O espírito do januarense é voltado para o rio. Ele colocou o barranqueiro para ser preguiçoso. Não precisava trabalhar. Ele plantava a roça na beira do rio e ficava deitado numa rede. Pelas dez horas, perto da hora do almoço, jogava um anzol e pescava um peixe. A mulher o tratava e colhia a abóbora que completava. A melancia da sobremesa também estava ali. Ninguém pensava no jantar, pois seria a mesma coisa. Tudo isso é muito gostoso, pensar nisso é muito bom. Tudo vem do rio, essa é nossa vida.

Eu valorizo o que é novo na medida em que ele representa qualquer coisa pra gente. Daqui uns dias ninguém sabe cantar o 'Lepo Lepo', mas duvido que qualquer criança não saiba cantar 'Ó jardineira, por que estás tão triste'.

Todas as histórias, desde criança, vêm do rio. O Caboclo d'Água, a Mãe d'Água... Ninguém pode discutir ou questionar, é no que acreditamos. Tudo que a gente fala é água, água, água. Se desaparecer o rio, para onde vai a Mãe d'Água? Como ela vai? Nossa vida é essa! Se desaparecer o rio, acho que a gente vai morrer de paixão.

E canta...

Lua, manda a tua luz prateada
despertar a minha amada.
Quero matar o meu desejo,
sufocá-la com meus beijos.
Canto e a mulher que eu amo tanto não me escuta, está dormindo.
Canto porque nem a lua tem pena de mim,
pois, ao ver que quem te chama sou eu,
até a neblina se escondeu.

# Januária, terra amada.

## (CANÇÃO)

Letra e Música de
Tertuliano Silva

I

Januária terra amada
Flôr agreste da Chapada
... rincões do meu Brasil...
... frondosos juazeiros,
coqueiros altaneiros,
... os braços ao Céu de...

II

Eu gaivotas lá na praia
Quando à tarde o Sol declina
Nos despertam nostalgia...
A inhambú entre arvoredos
Quando...

## DONA NATÁLIA GERALDA VIANA CANABRAVA (*IN MEMORIAM*) – SERESTEIRA DE SÃO FRANCISCO

Dona Natália, professora de música, recebe em sua casa a equipe deste livro, convalescendo, após ter passado algumas semanas no hospital em Montes Claros. Aos oitenta e cinco anos, leva na voz o carinho que sempre teve pelo seu mister – ensinar a música para todos aqueles que desejavam aprender. Durante a entrevista na qual conta sua história de seresteira de São Francisco, chama a atenção o fato de que dona Natália sempre viveu para e com a música: "Música é festa pra mim porque é uma alegria permanente, eu estava doente quando vocês chegaram e estou me sentindo completamente restabelecida, o que foi? O efeito da música".

Na véspera do Natal de 2014, poucos meses após ter concedido a entrevista para o documentário, o céu recebeu mais uma grande estrela. E a tristeza dos que ficaram sem ela cedeu lugar à alegria dos anjos que a receberam. Falas que a eternizarão:

Um passado não esquecido...

Eu comecei a tocar aos dez anos de idade e estava em todos os grupos...

Todo lugar o povo gostava de mim...

Todo mundo tem esse interesse quando tem o amor, fora disso você enfeita a vida, mas não traz aquela felicidade que você poderia trazer quando tinha o verdadeiro amor de sua vida.

Muito obrigada, professora.

## SEU MARIO DE ALMEIDA – SERESTEIRO DE SÃO ROMÃO

Aos oitenta e dois anos e sempre com um sorriso estampado no rosto, seu Mario conta que percorre a cidade a pé ou na sua bicicleta ano 1962. Ele estuda música desde pequeno, adora cantar e participa com alegria dos encontros dos seresteiros de São Romão todas as semanas. "Quando me perguntam o que é música, eu respondo que música é a arte de manifestar o afeto de nossa alma mediante o som", diz com toda a afetividade característica dessa gente barranqueira.

# FÉ

Acreditar que o mundo do invisível é o mundo real. Este aqui, que os olhos que a terra há de comer veem, este é ilusão. Acreditar que alguém lá em cima gosta da gente, das flores, dos animais, das águas e das montanhas. Ter fé em que a chuva vai chegar, o rio vai encher e o amor vai prevalecer.

Eles dizem...

> O Velho Chico tem mais é que sobreviver, vai chover muito, se Deus quiser, e ele volta a encher, a transbordar.
> FELIX

Realmente é triste, mas eu tenho certeza de que lá de cima vai vir uma luz para poder melhorar esse rio, porque realmente tá uma tristeza.

KARROMBA

É muito feio, muito doloroso, mas é determinado por Deus, né?
João José de Brito

# O RECADO

O encanto do Velho Chico, o rio da integração nacional, com a beleza de suas águas que correm por mais de 2.800 quilômetros, com suas maravilhosas auroras e lindos ocasos e todas as belezas da fauna e da flora que o acompanham, suas praias que reúnem os habitantes de suas margens no "verão" de julho para ali a bola correr, o papo rolar e a vida colorir. Seria possível ficar horas contando tudo o que se vê e se vive ao percorrer os caminhos do Rio São Francisco. Por outro lado, além de todos os cantos e encantos, existem muitos desencantos das pessoas que vivem e sobrevivem dessas águas. "Nunca vi este rio tão seco" foram palavras que se repetiram a cada parada, a cada entrevista e a cada conversa. Vê-se claramente no olhar do ribeirinho a preocupação, a tristeza e o desalento ao mostrar os inúmeros bancos de areia que estão se formando ao longo do rio. Existe, a princípio, o fator climático – a região está passando por um período de seca. Não chove aqui, assim como não chove em São Paulo e assim como chove muito no Sul e no Norte. Trata-se de um desequilíbrio ambiental como tantos outros e em outros tempos causado, não podemos negar, por nossas próprias ações. Mas existem outros fatores que, segundo o Sr. João Naves, presidente do Conselho Municipal de Desenvolvimento Ambiental (Codema), órgão que luta incansavelmente pela "salvação" do rio, são o desgoverno e a ganância do empresariado local. Em São Francisco, uma das cidades visitadas pelo projeto, pudemos presenciar, fotografar e gravar uma manifestação que clamava pela construção de uma ponte ligando um lado ao outro do rio, pois, com a seca, populações ribeirinhas estão ilhadas, sem atendimento médico e sofrendo toda sorte de problemas que isso traz. E foi apenas um pequeno exemplo do que está acontecendo por aqui. Nosso velho desgoverno é algo muito conhecido por todos, falado e discutido constantemente em toda e qualquer roda de conversa. A transposição do Rio São Francisco é mais uma pauta desses infinitos e infrutíferos debates, e lá estão as obras inacabadas da transposição que nunca aconteceu, onde nascem "pés de plantas" em seu concreto. Assim como a ganância natural do empresário que, para enriquecer mais e mais a cada dia, acaba com o cerrado. A vereda morre, o córrego morre e o rio morre. E lá se vai a alma do sertão! Este trabalho é uma forma poética e amorosa de dizer quanto prejudicamos nosso planeta. Quem sabe conseguimos trazer à consciência as consequências de nossos atos, pois só assim as coisas são passíveis de transformação.

## JOÃO NAVES DE MELO – BARRANQUEIRO E SERESTEIRO DE SÃO FRANCISCO

Uma manhã de conversa com o Sr. João Naves, em sua casa, na cidade de São Francisco, enriqueceu enormemente o projeto. Com sua família, filha e esposa, e com a presença de todos os componentes do grupo de seresta do qual faz parte, "Mensageiros da emoção", o professor, advogado e jornalista falou sobre música, poesia, sensibilidade, transposição, poder e a necessidade que temos hoje de "tratar mais da alma das pessoas e não do bolso das pessoas".

João Naves de Melo considera que sua primeira e principal profissão foi a de professor. Porém, como advogado e jornalista, não se cansa de lutar pelas causas da população ribeirinha, como, por exemplo, a construção da ponte ligando uma margem à outra para facilitar a vida daquela gente que mora de um lado e trabalha do outro.

Ele e o grupo cantaram e fizeram de uma manhã linda de domingo alguma coisa muito melhor do que já é por si só.

Sua fala esclarece, elucida, emociona.

A palavra é sensibilidade. Como você vai sensibilizar uma mídia que põe lá 'queixo no ombro, queixo no ombro', a mulher melancia, a mulher isso e aquilo? Como você faz com quem só está pensando em faturar? A gente chega lá para cantar canções de amor, eles vão falar que isto está fora. A coisa fica invertida, né? Talvez fosse melhor, e as pessoas se sentiriam muito melhor, se o país estivesse tratando da alma delas e não de seu bolso, fazer o quê?

Nós teríamos que começar de baixo, pelas crianças, mas como vou trabalhar a criança se ela não quer ouvir nem os pais?

O homem precisa mais de se emocionar, precisa mais de pureza, precisa mais tocar o sentimento dele, porque assim o mundo fica melhor.

O que justifica essa transposição quando o rio está morrendo, pra quê? Por mais que queiramos mostrar para eles que é uma obra inútil, um sonho, uma fantasia, uma obra que D. Pedro pensou em fazer lá no começo do Brasil e logo viu que era impossível, vem o homem aqui e diz que vai fazer, sim, que dá conta, passou por cima de tudo e tá lá nascendo árvore, com o cimento todo arrebentado, tudo acabando. E quem está pagando a conta? O rio.

Em princípio é desgoverno e outro ganância. O desgoverno é que permitiu que essas empresas conseguissem licença, Deus sabe como, para chegar aqui no nosso maior bioma que é o cerrado, e destruiu tudo. O cerrado é o pai das águas, tudo vem de lá. O Rio São Francisco é uma calha. Cortaram todo o cerrado, fizeram carvão e plantaram eucalipto sem observar nenhuma obra de contenção de erosão ou de proteção das próprias nascentes. Então, quando vem a chuva, não tem lá aquela cama que o cerrado deixava de proteção, a água corria, jogava areia pra dentro das veredas, foi entupindo, entupindo, entupindo e as veredas morreram, morrendo as veredas morreram os córregos, morrendo os córregos o Rio São Francisco ficou sem água e o governo sabia disso. Por que o governo não fez nada, não atendeu a nenhum apelo que a gente fez?

João Naves

# PARA PENSAR

A pérola é um produto da dor, é uma joia rara e belíssima, encontrada em certas conchas de moluscos nas profundezas do mar, resultado da entrada de uma substância estranha no interior da ostra, como um grão de areia. A parte interna da concha de uma ostra é formada por uma substância lustrosa chamada nácar. Seu brilho é translúcido, capaz de captar os raios solares. Quando um grão de areia penetra, as células do nácar começam a trabalhar e o cobrem com camadas e mais camadas para proteger o corpo indefeso da ostra. Como resultado, a pérola é formada. Uma ostra que não foi ferida de algum modo não produz pérola. A pérola é uma ferida cicatrizada.

Assim como a ostra, nós também criamos a partir da dor, e acredito que, em algum momento da existência, todos nós poderemos criar pérolas. Esse é o nosso caminho na Terra, nossa mãe. Nela e junto dela somos microcosmos inseridos no Cosmos e fazemos parte do todo – céus e mares, florestas e estrelas, rios e veredas, sertões e caatingas, montanhas e morros, fauna e flora. Na natureza podemos encontrar partes de nós, basta saber que, assim como nosso planeta, setenta e cinco por cento de nosso corpo físico é formado por água. Assim, ao ferirmos a Mãe Terra estaremos ferindo a nós mesmos e aos nossos semelhantes.

Caminhos tortuosos me trouxeram essa consciência e, com ela, uma enorme vontade de trazer algo que pudesse contribuir com a conscientização de que todos nós somos seres de luz capazes de criar pela dor, mas através do Amor, belíssimas pérolas.

Patricia Pacini